Gedichte - Gezeiten
des Lebens

Angelika Wolf

Gedichte – Gezeiten des Lebens

Für den Menschen,
der bei allem was ich mache
immer hinter mir steht

Bibliografische Information der Deutschen Nationalbibliothek:
Die Deutsche Nationalbibliothek verzeichnet diese Publikation in der Deutschen
Nationalbibliografie; detaillierte bibliografische Daten sind im Internet
über http://dnb.d-nb.de abrufbar

© 2013

Herstellung und Verlag: BoD - Books on Demand GmbH, Norderstedt

ISBN: 9783848253036

Masken

Ich trage Masken.
Masken, die immer so sind wie ihr es wollt.
Die lachen, wenn ihr es wollt.
Die weinen, wenn ihr es wollt.

Doch unter diesen Masken ist mein Ich.
Wenn auch nur ein ganz kleines Ich.
Und dieses Ich kann sich selbst
leider nicht täuschen.

Gezeiten des Lebens

Die Gezeiten sich stets wandeln,
wie des Menschen Tun und Handeln.
Macht viel falsch, doch vieles gut.
Wie die Ebbe und die Flut.
Vieles davon über dein Leben bestimmt.
Erfahrungen, die man mit sich nimmt.

Oft voll Freude, oft voll Leid
Verändert manches schnell die Zeit.
Oft von Liebe selig erfüllt,
oft Sehnsüchte, die nicht gestillt.
Oft von Traurigkeit durchzogen,
wie bei der Flut des Meereswogen.
Oft voll Freude und viel Glück.
Die Ebbe treibt die Wellen dann zurück.

Kein Tag wird je dem anderen gleichen,
die Ebbe muss der Flut stets weichen.
Wird immer einen Wandel geben,
wie die Gezeiten ist das Leben.

Schwanenzauber

Welch' Zauber hat mich einst berührt,
in welche Welt du mich geführt?
Auf deinem Rücken Platz genommen,
dem tristen Dasein ich entkommen.
Du brachtest mich ins Seelenreich,
wo Hoffnung und auch Trost zugleich,
mir zu finden war beschert,
Mut gibt für das, was für mich erschwert.

Mein Leben, welches nicht leicht zu beschreiten.
Mit dir konnt' ich durchs Wasser gleiten.
Egal wie stürmisch die Zeit auch war.
Du brachtest Sicherheit mir dar.
Doch auch an Land warst du an meiner Seite
Und sogar in die blaue Himmelsweite,
bin ich mit dir hinaufgestiegen.
Ja, du lehrtest mich das Fliegen.

Wie wenn Flügel mir gewachsen wären,
als ich lernte in mich einzukehren.
In die Tiefe der Seele einzutauchen,
meine Kräfte richtig zu gebrauchen.

Und zu erkennen, was der Sinn:
Ich lebe, wenn ich selbst ich bin.

Der letzte Vorhang

Vorbei, vorbei - nun nichts mehr zählt,
es ist der letzte Vorhang, der nun fällt.
Der Raum verdunkelt sich,
Stille herrscht um mich.
Ich bin allein,
vorbei der schöne Schein.

Was bleibt, ist nichts als bloßes Versäumen,
verlorene Wünsche, unerfülltes Träumen.
Es gibt keinen Weg dorthin zurück,
vorbei was einmal war, mein Glück.

Doch die Erinnerung, die bleibt,
diese niemals nichts vertreibt.
Doch was ist leben in der Vergangenheit?
Ich weiß es kommt nochmal die Zeit,
wo sich der Vorhang wieder hebt,
man spüren kann, dass man noch lebt.
Weiß es ist nicht alles versäumt,
gibt vieles was man noch erträumt

Die Zeit sie drängt,
da das Spiel erneut anfängt.
Und plötzlich stehe ich dann im Licht,
doch die Dunkelheit vergesse ich nicht.
Sie bleibt wie mein Schatten stets bei mir,
doch was zählt, ist heute jetzt und hier.
Die Chance noch einmal anzufangen,
vielleicht diesmal an sein Ziel zu gelangen.
Mit neuen Wünschen, neuem Glück,
denn was war kommt nicht zurück.

Ich trage es in meinem Herzen mit,
begleitet mich auf jeden Schritt.
Und geh hinaus in die weite Welt,
bis wirklich der letzte Vorhang fällt.

12

Der Traum

Kennst du den Traum, der durch meine Nächte zieht?
Die Bilder, die am Tag mein inneres Auge sieht?

Kennst du das Gefühl, wenn mich deine Arme halten,
wärmen und schützen vor der Welt, der Kalten?

Wenn sanft deine Hände mich berühren
und meine Lippen dann die deinen spüren.

Wenn meine Seele, die deine findet,
uns Innigkeit und Liebe verbindet.

All das ist in meinem Traum geschehen,
doch die Realität lässt die Bilder verwehen.

Denn du existierst nicht in Zeit und Raum,
denn wenn es so wäre, dann wär es kein Traum.

Ein Stern

Du siehst hinaus in die dunkle Nacht.
Zuviel was du im Leben durchgemacht.
Doch auch in dieser Dunkelheit,
leuchtet ein Stern von ach so weit.

Kannst du des Sternes Strahlen sehen?
Ein Stern, der kann nicht untergehen.
Am Tag vielleicht völlig verblassen,
doch nie das Firmament verlassen.

Oft muss die Sonne untergehen,
um sein Leuchten hell zu sehen.
Um zu erkennen mit welcher Kraft,
er seinen Weg am Himmel schafft.
Denn dort mit hellem Lichterschein,
für immer dieser Stern wird sein

Verlorene Seele

Einsam in Dunkelheit gehend,
verborgen der Sonne heller Schein,
kein Lichtstrahl zu sehen,
verlassen und allein.

Ängstlich und verloren,
wandernd durch die dunkle Nacht.
Zur Traurigkeit nur auserkoren,
was hat man mit ihr gemacht?

So geht sie dahin, seit ewiger Zeit
durch Finsternis und Kälte.
Der Weg ist so unendlich weit
und jede Hoffnung fehlte.

Fühlt sich innerlich wie tot,
erfroren in Leid und Schmerzen
und in ihrer Seelennot,
zerbrochen in dem Herzen.

Verschlungen von all der Qual,
was sie gelitten und gefühlt.
Hatte keine andere Wahl,
musste erdulden, was sie aufgewühlt.

Wollte manches Mal aufbegehren,
abwenden, was mit ihr geschah.
Konnte sich nur selbst verzehren
bis sie einfach nicht mehr da.

Doch ein Teil der ist geblieben,
der konnte nicht entschwinden.
Nichts hat diesen Teil vertrieben,
der sich muss in Qualen winden.

Als verlorene Seele muss sie weiter leben
für immer in der dunklen Nacht.
Hoffnung wird es keine geben
das hat man aus ihr gemacht!

18

Die Macht des Bösen

Die Macht des Bösen holt dich immer wieder ein,
niemals kannst du dich von dieser Macht befreien.
Versuche, dass du stärker bist als sie,
erkenne wer da eigentlich dein Vis a Vis.

Zeig' dass dir vor ihr nicht mehr bang,
mach' heute schon den Neuanfang.
Verliere niemals deinen Mut,
doch urteile nicht, was sie auch tut.

Du kannst ihr sogar verzeihen,
denn du sollst nicht ihr Richter sein.

Credo an die Musik

Ich glaube an einen Gott,
der die Musik erschuf.
Kann ihm nicht widerstehen,
ich folge seinem Ruf.
Ich bekenne mich zu ihm,
in Freude und auch Leid.
Er gibt meiner Seele viel,
opfere ihm gerne meine Zeit.
Kann mich doch selig fröhlich machen,
doch auch meine Tränen trocknen.
Glückliche Gefühle in mir entfachen.
Wird mich immer wieder locken.
Nenn es Passion oder Zeit vertreiben.
Was du mir gibst wird immer bleiben.
Drum sag ich frei und ohne Hohn:
Musik ist meine Religion.
Musik ist Gottes Herrlichkeit,
öffnet Seelen und auch Herzen weit,
vereint die Menschen weit und breit,
ist unvergänglich ohne Zeit.
Musik, die wird es immer geben.
Nicht vorstellbar ohne sie das Leben!

Gewittersturm

Gewittersturm mit Donnergrollen.
Wir, der Natur Ehrfurcht zollen.
Egal was der Mensch sich ausgedacht,
kann sich verändern über Nacht.
Oft mit einem einzigen Donnerschlag,
wird zur Nacht der helle Tag.
Will die Natur damit beweisen,
uns in unsere Schranken weisen?
Oder soll dies Schauspiel lehren,
alles kann sich schnell umkehren?

Was eben noch hell voll Sonnenschein,
kann schnell erloschen und dunkel sein.
Donnerschläge laut erklingen,
die Erde fast zum Beben bringen.
Blitze zucken mit grellem Licht,
was danach kommt, weiß man nicht.

Erst wenn die Gewitterfront vorüber treibt,
sieht man deutlich, was noch bleibt.
Viel verloren, viel zerstört,
nichts mehr so wie es gehört.

Das Leben oft einem Gewitter gleicht
und das macht es gar nicht leicht.
Die Gewitterwolken zu überwinden
und doch noch etwas dann zu finden.
Die Natur jedoch ein Zeichen schickt,
als ich den Regenbogen dann erblickt,
der leuchtend seine Farben zeigt,
sich das Gewitter zu Ende neigt.
Die Sonne zwischen den Wolken zu sehen.
Da weiß ich, alles wird vorüber gehen.
Wenn erst die Wolken ganz verzogen,
seh' ich den bunten Regenbogen,
der wie eine Hoffnung am Himmel steht,
dass alles Grau einmal vergeht.

Nur Du

Oh Liebste, Du Königin meines Lebens.
Wie ring' ich nun, am Ziele meines Strebens.
Wie such ich es vergebens,
das Wort zu finden, das den Sinn dir sage,
der Liebe, die ich im Herzen trage.

Was du mir bist, kann kein Mensch fassen.
Neben dir die schönsten Sterne verblassen.
Du bist für mich das größte Glück der Welt.
Nichts außer dir für mich so viel zählt.

Du bist meine Welt und mein Himmel zugleich.
Du bist mein Leben und machst mich reich.
Du bist mein Licht, in jeder dunklen Nacht.
Du hast mich erst zu dem gemacht.

Ein Mensch, der die Tiefe seines Herzens verspürt.
Du hast mein Herz und meine Seele berührt.
In dem sich für immer nun meine Liebe regt,
denn ich hab dir mein Herz zu Füßen gelegt.

Der Baum

Verloren all meine Blätterpracht,
war es das doch, was mich ausgemacht.
Steh trotzdem stark im Septemberwind.
Wisst ihr, wie meine Gefühle sind?

Seht nur, wie fest ich am Boden steh.
Wisst ihr, wie tut es schrecklich weh?
Wenn man verloren, was zu einem gehört.
Wenn man sich fühlt, wie selbst zerstört.
Wie ein wichtiger Teil nun fehlt.
Wisst ihr denn, wie der Schmerz mich quält?

Ihr seht nur, wie empor ich rage,
standhaft wie all die anderen Tage.
Mit dem Laub trug ich zwar schwer an Gewicht,
doch diese Last, die störte nicht.
Ihr hört das Ächzen meiner Äste im Wind.
Ihr wisst nicht, dass es meine Klagen sind.

Doch wenn ihr meinen Stamm berührt,
Ihr das Harz unter Euren Fingern spürt.
Für euch zählt es später als edler Bernstein.
Vergesst dabei: Es sind die Tränen, die ich wein!

Wie das Meer

Dein Leben ist wie das Meereswogen,
hat dich enttäuscht und oft belogen.
Dich in des Meerestiefe oft gezogen,
wenn das Schicksal dich betrogen.

Warst im Meeresrausch ertrunken,
fast in der Traurigkeit versunken.
Hast viele Stürme auch durchlebt,
gefühlt, wie das Meer dann bebt.

Doch nun schwimmst du auf der Welle von Glück,
drum schau vorwärts, nicht zurück.
Kannst hoffnungsvoll in die Zukunft sehen.
Du weißt, du wirst nicht untergehen.
Und wenn eine große Welle dich umspült,
du innerlich tief aufgewühlt,
dann trägt die Welle dich doch fort,
vielleicht an einen schönen Ort.

Oft muss man in die Tiefe tauchen,
und lernen, seine Kräfte zu gebrauchen.
Wenn man die Wasseroberfläche erreicht.
das Leben sich in nichts mehr gleicht.

Du weißt, eine Welle macht noch lang kein Meer,
die nächste kommt bestimmt sogleich daher
und diese Woge kann wieder
die des Glückes sein,
also lasse dich darauf ein.

Lasse dich von den Wellen treiben,
doch die des Glückes sollen die deinen bleiben.

30

Gedankenkreisel

Fort Gedanken, fort von mir.
Was ergreift ihr mich mit solcher Gier?
Wollt' ihr den Verstand mir rauben?
Muss viel denken, kann nichts glauben.
Woher nehmt ihr Eure Macht?
Was hat mich so weit gebracht,
euch so viel Einfluss einzuräumen,
verfolgt am Tag mich mit Albträumen.
Zwingt mich alles zu hinterfragen,
stets zu denken mit großem Klagen.
Wie kann ich Einhalt euch gewähren?
Wollt' ihr mich nun ganz verzehren?
Wollt' ihr mich in den Wahnsinn treiben?
Sollt' verschwinden und nicht bleiben.

Raubt mir meine ganze Ruh'.
Weg mit euch, ich laß nicht zu,
Herrscher über mich zu sein,
stets zu denken, welche Pein.
Darum scheuch' ich die Gedanken fort.
Sucht euch einen anderen Ort,
zu zerstören, zu verwirren.
Ich laß mich gar nicht mehr beirren.
Laß das Denken nicht mehr zu.
Nun ist's gut, nun hab' ich Ruh'

Regentropfen

Regen prasselt an die Fensterscheibe,
wie so oft seh ich hinaus in die dunkle Nacht.

Hinaus in eine Welt,
die nicht mehr die meine ist.
Hinaus in die Nacht,
die genau so dunkel ist,
wie es in mir dunkel ist.

Meine Hände berühren die Fensterscheibe,
sie fühlt sich kalt an,
genau so kalt, wie es sich in mir anfühlt.

An meinen Fingern spüre ich Wassertropfen.
Doch es hat aufgehört zu regnen.

Da weiß ich, dass es meine Tränen sind.

Der Hauch des Todes

Kalt und grau ist diese Welt.
Dichter Nebel senkt sich hernieder.
Ich warte, dass der Nebel fällt,
spüre nun in allen Gliedern.
Nichts gibt es was die Hoffnung hält,
nichts und niemals wieder.

Ziellos irr ich durch die Gassen,
weiß nicht wohin mein Weg mich führt.
Weiß nur, kann nicht davon lassen,
was tief im Inneren ich verspürt.

Feuchtigkeit liegt in der Luft.
Fröstelnd setze ich meinen Weg fort.
Riech des Todes süßen Duft.
Sehn mich nach dem erlösenden Ort.

Voll von Problemen und Angst,
erfüllt von Kümmernissen und Sorgen.
Weiß nun, was man von mir verlangt.
Fühle mich schon bald geborgen.

Oh, will ich von hier fliehen,
von dieser grausamen Welt.
Sieh hin, die Möwen ziehen,
auch sie hier nichts mehr hält.

Kann nicht bleiben auf dieser Welt.
Oh, verzeiht was ich tun muss.
Will nicht bleiben auf dieser Welt.
Warte auf den Todeskuss.

Sah ich doch als Traumgebilde,
dass ich kann fort von hier.
Bitt' ich nun um deine Milde.
Hol mich, hol mich Herr zu dir.

Zeig mir wo mein Ziel liegt,
schnell will ich darauf hin eilen.
Bis der Tod mich dann besiegt,
denn ich kann nicht mehr verweilen.

Herr ich will zu dir.
Weiß, du hilfst mir beim Gelingen.
Nun liegt es vor mir.
Wusste, du wirst mich hinbringen.

Hier liegt nun mein Ziel.
Das Meer ist es, wohin ich wollte.
Weiß nun was ich will:
Dass das Meer mein Tod sein sollte.

Sanftes Rauschen der Wellen,
wie einladend ihr mich grüßt.
Heißt herzlich mich willkommen.
Das den Abschied mir versüßt.

Wellenrauschen ist das Wort.
Sagt was ich zu tun nun hab.
Wellen treiben mich dann fort,
denn ihr seid mein kühles Grab.

Langsam spür ich das Wasser steigen.
Langsam schwindet mir der Sinn.
In mir tanzt ein froher Reigen.
Bald erlöst ich bin.

Fühle mich nicht mehr beklommen.
Fühle nie mehr einen Schmerz.
Alles Leid von mir genommen
und ganz leicht wird mir ums Herz.

Kleine Glocken hör ich läuten.
Warum sie mich so stark berühren?
Weiß, was es soll bedeuten.
Kann nun den Hauch des Todes spüren.

Komm

Inmitten all der vielen Menschen,
trafen sich plötzlich unsere Blicke.
Nur ein Blick
und doch schien die Welt um uns herum still zu stehen.
Augen sagen mehr als Worte
doch wären es Worte gewesen,
hätten sie mein Herz zum Schwingen gebracht.
Mein Herz klopfte wie wild
und doch war ich ganz ruhig,
denn ich wusste, ich hatte dich endlich gefunden

Du wusstest es auch.
Wir beide wussten,
dass die jahrelange Sehnsucht nun ein Ende hatte.
Eine Sehnsucht,
die uns bis vor ein paar Minuten
noch gar nicht bewusst gewesen war.
Du strecktest die Hand aus
und sagtest einfach nur:
„Komm"
„Komm mit mir"

Ich nahm deine Hand und wusste,
ich würde bis ans Ende der Welt mit dir gehen.

Markusplatz am Morgen

Wellen, die ganz leise glucksen.
Gondeln, die so sanft sich wiegen.
Weiter Platz noch ohne Treiben.
Tauben, die am Himmel fliegen.

Weiches Licht der Morgensonne,
Lichtflecke auf Dächer malt
von den Kirchen und Palästen,
von denen alter Glanz erstrahlt.

Stumme Zeugen stille schweigend
einer längst vergangenen Zeit.
Melancholie liegt in der Luft,
Wehmut macht sich im Herzen breit.

Doch voller Stolz in die Höhe ragen,
ich den Campanile dann erspäh,
erzählt von längt vergangenen Tagen,
so dass ich nun begreife und versteh.

Nichts verloren, was einst gewesen,
nichts verloren immerdar.
So mein Morgen ist gewesen,
Venedig, unbeschreiblich - wunderbar.

Mein Freund, die Musik

Du bist mein Trost,
wenn mich die Traurigkeit quält.
Du gibst mir Hoffnung,
wenn sie eigentlich fehlt.
Du fängst mich auf,
wenn ich mich fallenlassen will.
Du erfüllst den Raum,
wenn es mir zu still.
Du kannst mich beruhigen,
wenn ich verstört,
all dies mein Empfinden,
als ich dich gehört.

Doch du kannst auch Ausdruck
meines Glücksgefühls sein.
Du erzählst Stimmungen,
als wären sie mein.
Bist Zeichen von Freude,
die ich verspürt,
bist hörbares Gefühl,
welches mich gerade berührt.

Kannst auch die Wut sein,
die sich in mir regt,
doch auch die Sehnsucht,
die mein Herz hegt.

Oft bist du voller Leidenschaft,
mit einer ungeheuren Kraft,
doch auch sanft,
als wär es ein Hauch vom Wind.
Alle Emotionen dir möglich sind.
Alles ist für dich auszudrücken,
in so viel wunderbaren Musikstücken.
So konnt ich durch dich
schon so viel Gefühle leben,
drum bin ich dir auch stets ergeben.

Denn Musik ist mir nicht nur lieb und teuer.
Für mich ist sie mein Freund, mein guter Treuer.

Der Sturm

Der Sturm bauscht wild die Wolken auf,
Naturgewalt nimmt ihren Lauf.
Und zeigt uns deutlich ihre Macht,
kann alles verändern über Nacht.

Heut hat er die Wolken nur verweht,
die Sonne am Himmel wieder steht.
Doch hat er sich nur kurz gelegt,
bis er sich erneut gewaltig regt.

Verwüstet dann vielleicht in Minutenschnelle,
für immer alles – in unserer Seele.

Die Seele weint

Zu viel erlebt was schmerzhaft uns quält,
zu oft geglaubt, was der andere erzählt,
zu oft verziehen und doch nur betrogen,
gute Gefühle, die doch nur gelogen.
Zu oft gehofft, es würde vergehen,
es würde einem jemand zur Seite stehen.

Es bleibt nicht mal mehr das danach Sehnen
und doch wird keiner sehen die Tränen,
wenn man weiter zusammen und doch nicht vereint,
denn so ist es, wenn die Seele weint.
Da kann man keine Tränen sehen,
muss innerlich zugrunde gehen.

Bäume, die ihr im Wind euch neigt

Bäume, die ihr im Wind euch neigt,
rotgolden im Herbst eure Blätter zeigt.
Doch für mich gibt es keine Farben mehr.
Ich fühl' mich innerlich so kalt und leer.
Meine Welt im Dunkeln liegt,
zu oft gekämpft und nie gesiegt.
Bis keine Hoffnung sich mehr zeigt.
Bäume, die ihr im Wind euch neigt.
Und habt so viele Jahre überdauert.
Wisst ihr wie es ist, wenn man nur trauert.

Wenn's nichts mehr Schönes scheint zu geben.
Wenn das Leben gar kein Leben.
Wenn dunkle Schatten nicht mehr weichen.
Wenn Tag und Nacht sich plötzlich gleichen.
Wenn man in Traurigkeit versinkt.
Wenn Stille in das Leben dringt.
Bäume, die ihr im Wind euch neigt.
Mit euren Ästen in den Himmel zeigt,
fast als wolltet ihr den Weg mir weisen,
auf eine meiner letzten Reisen

Doch als ich in den Himmel späh'.
Ich was anderes plötzlich seh'.
Ein Sonnenstrahl, der durch die Äste blickt.
fast wie wenn er für mich geschickt.
Ein heller Lichtstrahl nur ganz klein,
doch könnt' er meine Hoffnung sein.

Das war es, was mir die Bäume zeigen,
als sie sanft im Wind sich neigen.
Dass es immer einen Lichtblick gibt,
der die Hoffnungslosigkeit besiegt.

Gott, warum hast du mich verlassen

Dunkel bricht die Nacht herein,
in meinen Gedanken,
Angst und Verzweiflung schreien.
Ich schwitze Wasser und auch Blut,
verloren all mein Lebensmut.
Oh, Herr laß den Kelch an mir vorübergehen,
mich irgendeine Hoffnung sehen.

Hör, oh Vater dein bittendes Kind.
Du weißt, wie schwer meine Leiden sind.
Doch um mich herum ist nichts als Stille,
da weiß ich, es ist Gottes Wille.
Muss ertragen was mir auferlegt.
In mir sich Hoffnungslosigkeit nun regt.

Ich kann deine Härte nicht erfassen!
Mein Gott, warum hast du mich verlassen?

Meereswogen

Meeresrauschen, Wellen toben,
mal ganz unten, mal ganz oben.
Mal ganz leise, mal ganz laut.
Träume oft auf Sand gebaut.

Weggeschwemmt, hinausgetrieben,
nichts mehr übrig, nichts geblieben.
Oft verzweifelt, oft voll Mut.
Wie die Ebbe und die Flut.

Oft ganz ruhig, ganz still gelegen,
doch ein Plätschern und Bewegen,
um anzuschwellen zur großen Welle,
die umspült mit ungeheurer Schnelle.
Übrig bleibt des Schaumes Gischt,
alles andere dadurch verlischt.

So ist auch Dein Leben,
wird Höhen und auch Tiefen geben.
Doch darfst darin nicht untergehen,
wirst immer einen Ausweg sehen.
Oft noch am Horizont verborgen,
vielleicht nicht heute und nicht morgen.

Doch sei sicher: Der Tag wird kommen,
wo alles Leid von Dir genommen,
denn nichts dauert für die Ewigkeit,
alles braucht nur seine Zeit.

Der Wind

Der Wind, der Wind,
der heult wie ein Kind.
Ein Kind, das ängstlich und allein,
das wünscht', der Vater würd' bei ihm sein.
Und beruhigend über's Haar ihm streichen,
damit die Ängste können weichen.

Das Kind allein in seiner Not,
denn der Vater, der ist tot.
Wird nie mehr zärtlich das Kind berühren,
das Kind nie mehr des Vaters Hände spüren.

Der Schmerz wohl nie mehr ganz vergeht.
Doch wenn der Wind dann wieder weht
und sich im Haar des Kind's verfängt,
sich eine Frage dann aufdrängt.

Wer spielt jetzt mit dem Haar vom Kind?
Ist es wirklich nur der Wind?
Oder ist der Vater zurückgekommen,
weil er die Sehnsucht vom Kind vernommen?
Wenn auch nur für kurze Zeit,
die beiden wieder sind zu zweit.

Drum weiß ich, wenn wieder weht der Wind,
dann besucht der Vater wohl sein Kind.

56

Wahre Liebe

Was Liebe war, wird immer Liebe bleiben,
denn wahre Liebe lässt sich durch nichts vertreiben.

Nicht durch den größten Schicksalsschlag,
nicht durch manchen bösen Tag.
Nicht durch Krankheit, nicht durch Leid.
Wahre Liebe kennt keinen Neid.

Wahre Liebe hilft Verstehen.
Wahre Liebe lässt Wunder geschehen.

Wahre Liebe urteilt nicht.
Wahre Liebe spendet Licht,
auch in der tiefsten Dunkelheit.
Denn sie ist für die Ewigkeit.

So lässt sie sich von nichts vertreiben,
denn was wahre Liebe war,
wird immer Liebe bleiben

Schicksal

Weißt du noch,
wie ich dir die Sterne vom Himmel holen wollte?
Dir jeden Tag unendlich machen wollte?
Dein Licht sein, in der dunklen Nacht?
Die Wolken wegschieben wollte,
damit du die Sonne gut sehen kannst?
Die Erde wollte ich anhalten,
nur um in diesem Augenblick,
mit dir zu verweilen.

Was davon habe ich je getan?
Die Sterne sind noch am Himmel.
Kein Tag ist unendlich.
Die Nacht ist dunkel.
Die Wolken verdecken noch immer die Sonne
Und die Erde dreht sich immer noch weiter.

Doch siehst du den Lichtschein hinter den Wolken?
Siehst du, wie die Sonne langsam
hinter den Wolken hervorkommt?
Vielleicht muss man einfach abwarten,
bis sich alles von selbst verändert.

Vielleicht kann ich nicht dein Schicksal sein,
sondern nur an deiner Seite.
Um dir zu helfen,
dein Schicksal anzunehmen,
das wir nicht ändern können.

60

Nebelhoffnung

Hinter Nebelschleier fast verborgen,
die Welt sich im Grau versteckt.
So als gäbe es kein Morgen,
der Schnee die Landschaft zugedeckt.

Ach, könnten doch auch meine Sorgen
im Nebeldunst verschwinden.
So könnt ich vielleicht schon morgen,
meine Hoffnung wieder finden.

Der einsame Vogel

Kahl ragen die Bäume ihre Äste empor,
der Mond lugt hinter den Wolken hervor.
Dunkel bricht die Nacht herein,
ich fühl mich einsam und allein.
Ein paar zarte Schneeflocken fallen zur Erde.
Ob es jemals wieder Frühling werde?
Fröstelnd geh ich durch die Dunkelheit.
Keine Menschenseele weit und breit.

Kein Wunder, dass es mich so fror,
hielt mir die Natur den Spiegel vor.
Um mit deutlicher Grausamkeit zu erkennen,
was zu schmerzhaft, um es zu benennen.
Dass auch ich abgestorben wie der Bäume Laub,
ich nicht mehr an der Sonne Schönheit glaub.
Mich fühle wie innerlich erfroren,
unter dem schlimmsten Unglücksstern geboren.

Da plötzlich sich die Wolke in Nichts auflöst.
Der Mond seine volle Pracht entblößt
und leuchtet im Dunklen so strahlend hell
und noch eine weitere Lichterquell,
erstrahlen nun in weiter Ferne,
da oben am Himmel leuchten die Sterne.
Die vorher nur zu gut versteckt,
von dichten Wolken waren verdeckt.

Kein Schnee mehr zur Erde niederfällt.
In weißem Glanz erstrahlt die Welt.
Als ein einsamer Vogel zu singen beginnt,
sein kleines Lied die Nacht durchdringt.
Allein sitzt er auf seinem Geäst,
durch nichts sich vom Singen abbringen lässt.
So kann er die Einsamkeit wohl nicht so spüren,
mich seine Klänge ganz seltsam berühren.

Er singt hinaus seinen Schmerz und sein Leid
und plötzlich von Ferne, ziemlich weit.
Ein zweiter Vogel seinen Gesang anstimmt
und mir das den letzten Zweifel nimmt.
Erscheint dir alles dunkel und kalt,
verändert es sich, vielleicht schon bald.
Und fühlst du dich auch einsam und schrecklich allein,
muss es nicht für immer für dich so sein.

64

Die Christrose

Eisig fegt der Wind über's Land.
Eine Schneedecke bedeckt die Wiesen und Felder.
Bäume ragen ihre kahlen Äste empor.
Eiszapfen glitzern an den Zweigen.
Fast wie leblos erscheint die Natur.

Doch plötzlich entdecke ich eine kleine Blume,
die sich mühsam einen Weg
durch die Eisdecke gebahnt hat.
Eine kleine Christrose blitzt mit ihren
grünen Blättern im weißglitzernden Schnee.

Sieh dir das Blümlein an.
Es ist Symbol,
dass es immer einen Weg gibt zu leben,
egal wie schwer die Umstände auch sein mögen.

Winterwald

Die Nacht ist schwarz, die Nacht ist kalt.
Einsam wandere ich durch den Winterwald.
Silbrig weiß glitzert der Schnee auf den Bäumen
und ich verliere mich in meinen Träumen.
Wehmut macht sich in meinem Herzen breit,
denk' ich doch an längst vergangene Zeit.

Leise weht der Dezemberwind
und ich sehe mich als Kind,
mit Wünschen, die damals für mich so wichtig,
Dinge, die heute klein und nichtig.
Ach wie gern wollt' ich das Christkind sehen,
doch das ist gar nie geschehen.
Am Fenster hab ich mir das Näschen plattgedrückt,
war von all dem Lichterglanz entzückt.
Wusste nicht wie schnell die unbeschwerte Zeit vergeht.
Im Leben man zu viel durchsteht.
Du kannst zerbrechen oder bestehen.
Die Welt wird sich dennoch weiterdrehen.

Und als ich um einiges älter war,
wurde mir dann langsam klar.
Entscheidendes bleibt in Dunkelheit verborgen,
doch leuchtet stets ein Licht in deinen Sorgen.
Oft schon reicht ein Augenblick,
dass du erkennst das wahre Glück.
Als ich mit dir vorm Christbaum stand,
Du hieltst mich fest an Deiner Hand,
da war so ein Moment in meinem Leben,
wo ich spürte es muss was geben;
das mehr ist als all der schöne Schein,
was mir ermöglicht ganz Mensch zu sein.
Ich hielt dies Geschenk in meinen Händen
und ahnte nicht, dass es kann enden.
Doch das Leben ist kein Spiel,
es gibt wenig und nimmt viel.

So geh ich einsam durch den Wald.
Ich bin verlassen mir ist kalt.

Doch plötzlich hör' ich Flügelschlagen
und wie an hellen Sonnentagen,
schwingt sich ein Vogel in die Luft.
Ich höre, dass er nach mir ruft
und als ich ihm nachsehe in die Fern,
sah ich einen hellen Stern.
Er leuchtet in so starkem Maße
und zaubert eine Silberstraße,
in den dunkeln Winterwald
und plötzlich ist mir nicht mehr kalt.

Ich spüre Gefühle im Herzen wieder.
Da fällt der Stern plötzlich hernieder.
Ich weiß, ich hab einen Wunsch nun frei
und wünsche, dass es nie vorbei,
dass ich in Erinnerungen kann versinken,
die mich hindern in meiner Traurigkeit zu ertrinken.
Denn meine Erinnerungen sind mir geblieben
und so behalte ich mir all die Lieben,
für immer in meinem Herzen
und dies hilft lindern meine Schmerzen.

Und ist die Nacht auch schwarz und kalt,
geben mir diese Erinnerungen Halt.
Sie wurden durch nichts vertrieben.
Sind sie auch das einzige was mir geblieben.

Fest der Liebe

Das Jahr neigt sich dem Ende zu,
mit Besinnlichkeit kommt man zur Ruh'.
Man sich dann viele Gedanken macht,
hab' ich an alle auch gedacht?
Denn nicht nur jetzt zur Weihnachtszeit,
soll man die Herzen öffnen weit.
Soll stets auch an die anderen denken,
ihnen Aufmerksamkeit und Wärme schenken.
Ein gutes Wort, ein stiller Blick,
oft liegt in kleinen Dingen das wahre Glück.
Ein Lächeln nur, ein lieber Gruß,
Barmherzigkeit nichts kosten muss.
Ein "Hallo, wie geht's dir heut'?"
hat schon manchen sehr gefreut.
Ein Zeichen, dass man an jemanden denkt,
damit man so viel Gutes schenkt.
Zu sagen: "Friede sei mit dir".
Es auch zu leben jetzt und hier,
Gute Taten zu vollbringen,
denn dann wird es uns gelingen.
Den Sinn der Weihnacht zu erkennen,
es Fest der Liebe dann zu nennen.
Die Nächstenliebe damit gemeint,
denn sie ist es, die uns vereint,
sie soll sich in unseren Herzen regen,
drum wünsch' ich allen Gottes Segen.

*Mein besonderer Dank gilt meiner
lieben Freundin Gisela,
die mich so hilfreich bei der Überarbeitung
meiner Bücher unterstützt hat.*

Wer mehr über mich und
meine Bücher erfahren möchte,
kann das auf meiner Webseite
angelika-wolf-buecherwelt.de.
Über einen Besuch würde ich mich
sehr freuen.